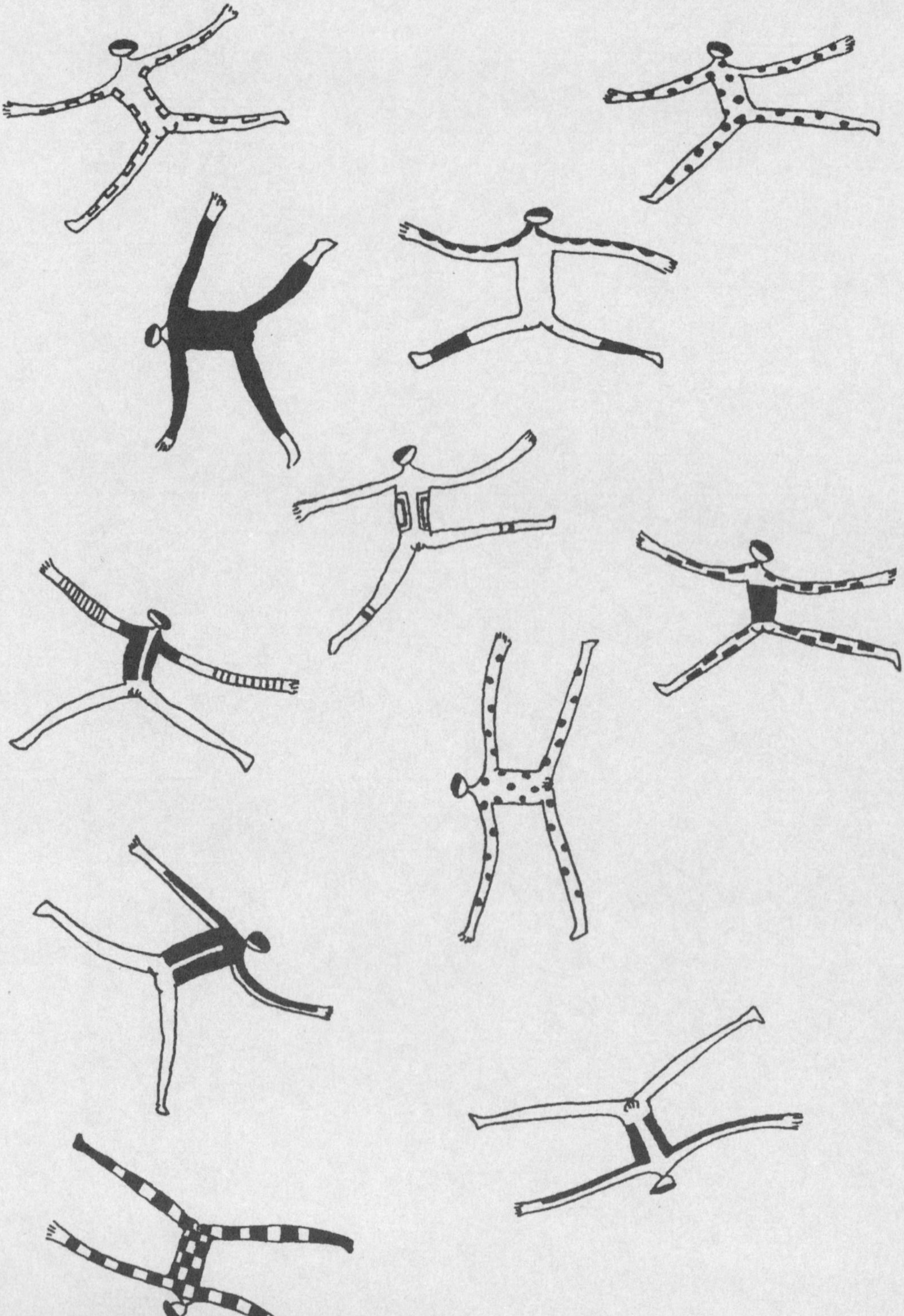

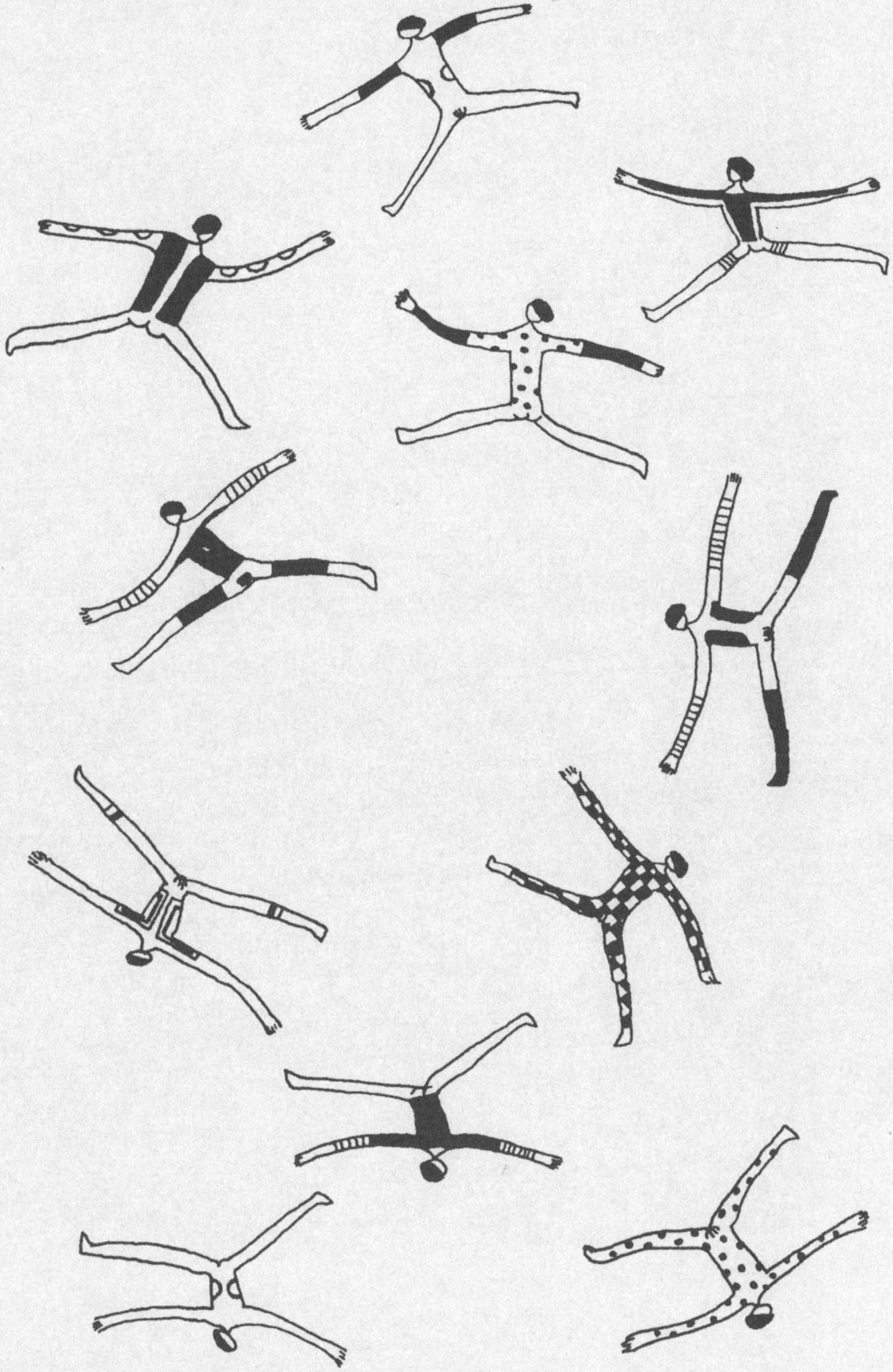

PERO VAZ DE CAMINHA

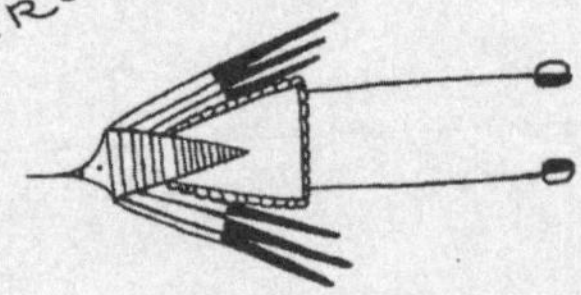

CARTA A EL REY DOM MANUEL

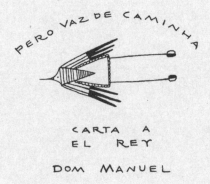

SÃO PAULO, 2019

global editora

4ª Edição, Editora Record, 2004
5ª Edição, Global Editora, São Paulo 2019

Jefferson L. Alves – diretor editorial
Dulce S. Seabra – gerente editorial
Flávio Samuel – gerente de produção
André Seffrin – coordenação editorial
Juliana Campoi – assistente editorial e revisão
Jefferson Campos – assistente de produção
Roger Mello – ilustrações e projeto gráfico

Obra atualizada conforme o
NOVO ACORDO ORTOGRÁFICO DA LÍNGUA PORTUGUESA.

CIP - BRASIL. CATALOGAÇÃO NA PUBLICAÇÃO
SINDICATO NACIONAL DOS EDITORES DE LIVROS, RJ

C191c

Caminha, Pero Vaz, 1450-1500
Carta a El Rey Dom Manuel : versão moderna de Rubem Braga / Pero Vaz de Caminha ; [coordenação André Seffrin] ; [adaptação Rubem Braga] ; ilustração Roger Mello. – 5. ed. – São Paulo : Global, 2019.
72 p. : il. ; 25 cm.

ISBN 978-85-260-2447-2

1. Literatura infantil portuguesa. 2. Brasil – História – Descobrimento, 1500 – Fontes. 3. América – Narrativas anteriores a 1600. 4. Cartas portuguesas. I. Seffrin, André. II. Braga, Rubem. III. Mello, Roger. IV. Título.

19-54769

CDD: 808.899282
CDU: 82-93(469)

Leandra Felix da Cruz – Bibliotecária – CRB-7/6135

global editora

GLOBAL EDITORA E DISTRIBUIDORA LTDA.
Rua Pirapitingui, 111 – Liberdade
CEP 01508-020 – São Paulo – SP
Tel.: (11) 3277-7999
e-mail: global@globaleditora.com.br
www.globaleditora.com.br

Nº de Catálogo: 3989

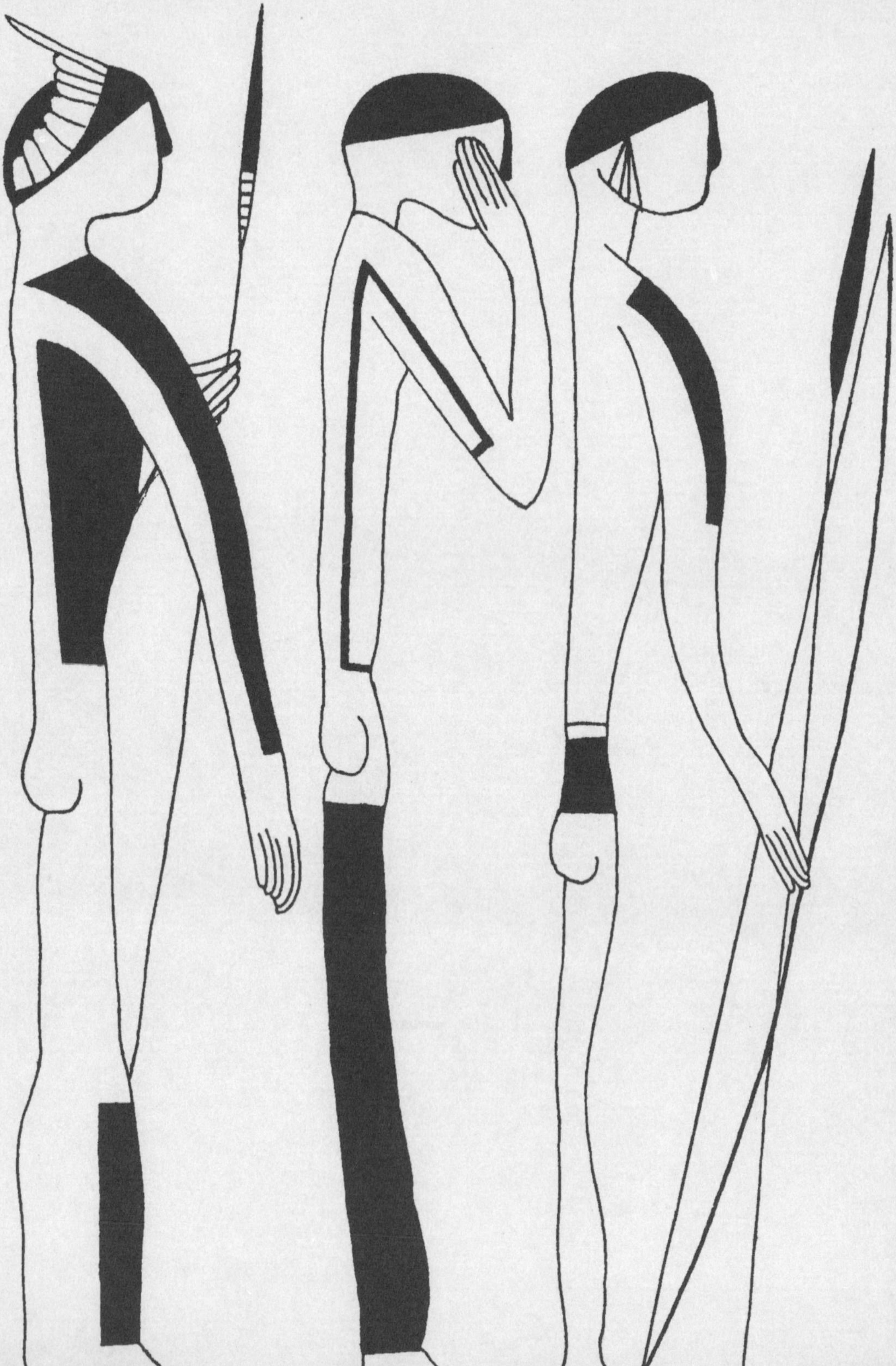

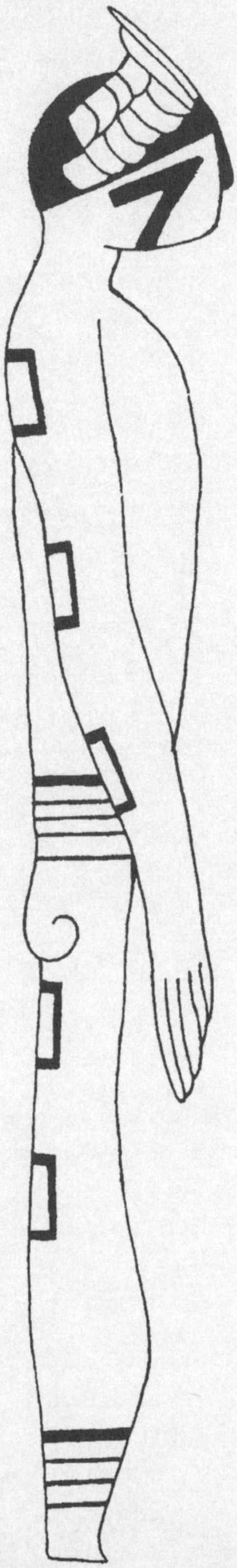

VERSÃO MODERNA DE
RUBEM BRAGA

DESENHOS DE
ROGER MELLO

EXPLICAÇÃO NECESSÁRIA AO ENTENDIMENTO DA CARTA

Publiquei esta minha versão da Carta de Pero Vaz de Caminha na extinta Editora Sabiá, em 1968, ano do quinto centenário de nascimento de Pedro Álvares Cabral.

Descoberta na Torre do Tombo em 1773 por Seabra da Silva, a carta em que Pero Vaz de Caminha deu parte a El Rey Dom Manuel, com precisão, sabedoria e graça do achamento desta nossa terra, já foi chamada de nossa certidão de batismo. Tem tido muitas versões em linguagem atualizada, desde a de Aires de Casal, em sua *Corografia Brasílica*, de 1817, até a de Leonardo Arroyo. Seu estudo foi feito, através dos anos, por sábios como João Francisco Lisboa, Capistrano de Abreu, João Ribeiro e Carolina Michaelis, para citar apenas estes; coube ao saudoso Jaime Cortesão dar-lhe, em seu magistral livro, a mais rigorosa transcrição diplomática. Foi nesse texto, que Sílvio Batista Pereira republicou, sanando pequenas gralhas, em coleção do Instituto Nacional do Livro, que nos baseamos para fazer a presente versão.

Nosso critério foi o de preservar, tanto quanto possível, o sabor da linguagem antiga; respeitamos, até os limites do ininteligível, a frase de Caminha, em seu torneio e suas repetições.

Esta edição, pela sua natureza, não comporta notas nem glossário. Para ajudar o entendimento do leitor leigo (como nós), achamos útil avisar que deixamos *eram* no lugar de estavam, *vergonha* como partes pudendas, *obra de* no sentido de cerca de, *homem* no lugar de a gente (como o *on* francês). As medidas de comprimento calculadas pelo meticuloso escrivão são a braça (2 metros e 2 decímetros), a légua (5.600 metros), o jogo de mancal (jogo de malha, de 8 a 10 metros), o tiro de besta (cerca de 150 metros) e o tiro de pedra, que presumo igual ao anterior.

Cascavéis e *manilhas* estão no sentido de guizos e pulseiras; *quartejados de escaques* quer dizer pintados em quadrados, como o tabuleiro de xadrez. *Borracha* é um saco de couro para água ou vinho, e seu bocal com tampa tem o nome de *espelho*. *Fanado* quer dizer circunciso ou circuncidado. *Chinchorro* é uma rede de pescar, *esperavel* uma espécie de pavilhão ou dossel; *lacão* é presunto, *armadura* está no sentido de presa do javali, *braga* é calça curta... O resto acho que dá para entender.

Evitei "corrigir" o velho Caminha quando ele escreve que um português foi *em terra* no lugar de à terra, ou *imos* no lugar de vamos, ou *nenhum deles não era* em vez de nenhum deles era; é gostoso verificar que em alguns casos a linguagem popular do Brasil conservou a honrada sintaxe de nosso primeiro cronista.

Morreu ele, às mãos do mouro, naquele mesmo ano de 1500, em Calicute, onde fora assumir o cargo de escrivão da feitoria. Teria uns 50 anos, e era avô, graças à sua filha Isabel, casada com aquele turbulento Jorge de Osório, para quem pede, no fim da Carta, a mercê de D. Manuel. Pedro Álvares Cabral viveria até 1520, desamparado do favor real; quanto à terra de Santa Cruz, cresceu muitas léguas para o norte e para o sul e para oeste, virando Brasil – e ainda vive, mais ou menos, conforme Deus Nosso Senhor é servido.

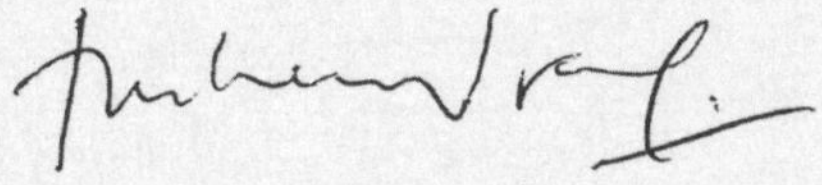

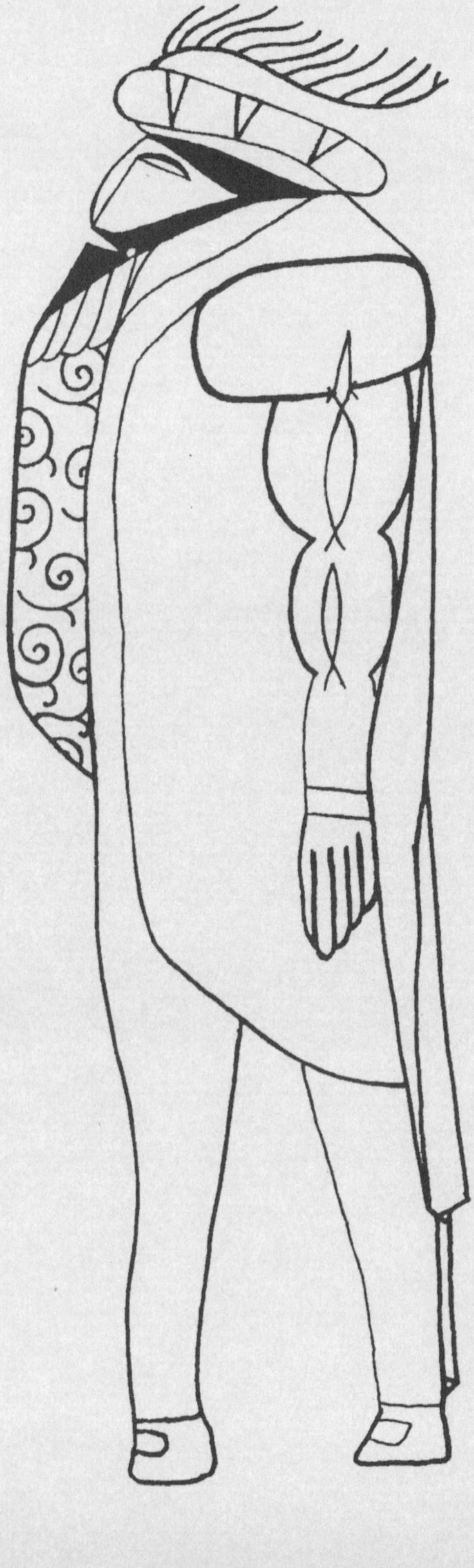

Senhor

posto que o capitam moor desta vossa frota e asy os
outros capitaães screpuam a vossa alteza a noua do achamento desta vossa terra noua que se ora nesta naue-
gaçam achou. nom leixarey tambem de dar disso
minha conta a vossa alteza asy como eu milhor
poder ajnda que pera o bem contar e falar o saiba
pior que todos fazer. pero tome vossa alteza minha
jnoramçia por boa vontade. a qual bem certo crea que
por afremosentar nem afear aja aquy de poer mais
ca aquilo que vy e me pareçeo. // da marinhajem e
simgraduras do caminho nõ darey aquy conta
a vossa alteza porque o nom saberey fazer e os
pilotos deuem teer ese cuidado. e portanto Senhor
do que ey de falar começo e diguo. /
que a partida de belem como vossa alteza sabe foy segunda
feira ix de março. e sabado xiiij do dito mes amtre
as biij e ix oras nos achamos antre as canareas
mais perto da gram canarea e aly amdamos todo
aquele dia em calma a vista delas obra de tres ou
quatro legoas. e domingo xxij do dito mes aas x
oras pouco mais ou menos ouuemos vista das ilhas
do cabo verde s. da ilha de sam njcolaao segundo dito de pero
escolar piloto. e a noute seguinte aa segunda feira lhe
amanheceo se perdeo da frota vaasco datayde com
a sua naao sem hy auer tempo forte nem contrairo
pera poder seer. fez o capitam suas diligencias pera
o achar a huũas e a outras partes e nom pareçeo mais.
e asy seguimos nosso caminho per este mar de lomgo
ataa terça feira doitauas de pascoa que foram xxj
dias dabril que topamos alguũs synaaes de terra
seendo da dita ilha segundo os pilotos deziam obra de
bj c lx ou lxx legoas. os quaaes heram muita cam-
tidade deruas compridas a que os mareantes
chamam botelho e asy outras a que tambem chamam rabo dasno. / e aa quarta feira seguinte pola ma-

Senhor:

Posto que o Capitão-mor desta vossa frota e assim os outros capitães escrevam a Vossa Alteza a nova do achamento desta vossa terra nova, que ora nesta navegação se achou, não deixarei também de dar disso minha conta a Vossa Alteza, assim como eu melhor puder, ainda que, para o bem contar e falar, o saiba pior que todos fazer.

Tome, porém, Vossa Alteza, minha ignorância por boa vontade, e creia bem por certo que, para aformosear nem afear, haja aqui de pôr mais que aquilo que vi, e me pareceu.

Da marinhagem e singraduras do caminho não darei aqui conta a Vossa Alteza, porque o não saberei fazer, e os pilotos devem ter esse cuidado. Portanto, Senhor, do que hei de falar começo e digo:

Que a partida de Belém, como Vossa Alteza sabe, foi segunda-feira, 9 de março. E sábado, 14 do dito mês, entre as oito e nove horas, nos achamos entre as Canárias, mais perto da Grã-Canária, e ali andamos todo aquele dia em calma, à vista delas, obra de três ou quatro léguas. E domingo, 22 do dito mês, às dez horas, pouco mais ou menos, houvemos vista das Ilhas de Cabo Verde, seja, da Ilha de S. Nicolau, segundo o dito de Pero Escolar, piloto.

Na noite seguinte, segunda-feira, ao amanhecer, se perdeu da frota Vasco de Ataíde com sua nau, sem haver tempo forte nem contrário para poder ser. Fez o capitão suas diligências para o achar, a umas e outras partes, e não apareceu mais.

E assim seguimos nosso caminho, por este mar de longo, até a terça-feira das Oitavas de Páscoa, que foram aos vinte e um dias de abril, que topamos alguns sinais de terra, sendo da dita ilha, segundo os pilotos diziam, obra de 660 ou 670 léguas. Os quais eram muita quantidade de ervas compridas, a que os mareantes chamam botelho, assim como outras a que também chamam rabo-de-asno. E quarta-feira seguinte, pela manhã, topamos aves, a que chamam fura-buxos.

E neste dia, a horas de véspera, houvemos vista de terra, seja, primeiramente dum grande monte, mui alto e redondo, e doutras serras mais baixas ao sul dele; e de terra chã, com grandes arvoredos; ao qual monte alto o capitão pôs nome – o Monte Pascoal, e à terra – a Terra da Vera Cruz.

Mandou lançar o prumo. Acharam vinte e cinco braças; e, ao sol posto, obra de seis léguas de terra, surgimos âncoras, em dezenove braças – ancoragem limpa. Ali quedamo-nos toda aquela noite. E à quinta-feira, pela manhã, fizemos vela e seguimos direitos à terra, indo os navios pequenos diante, por dezessete, dezesseis, quinze, quatorze, treze, doze, dez

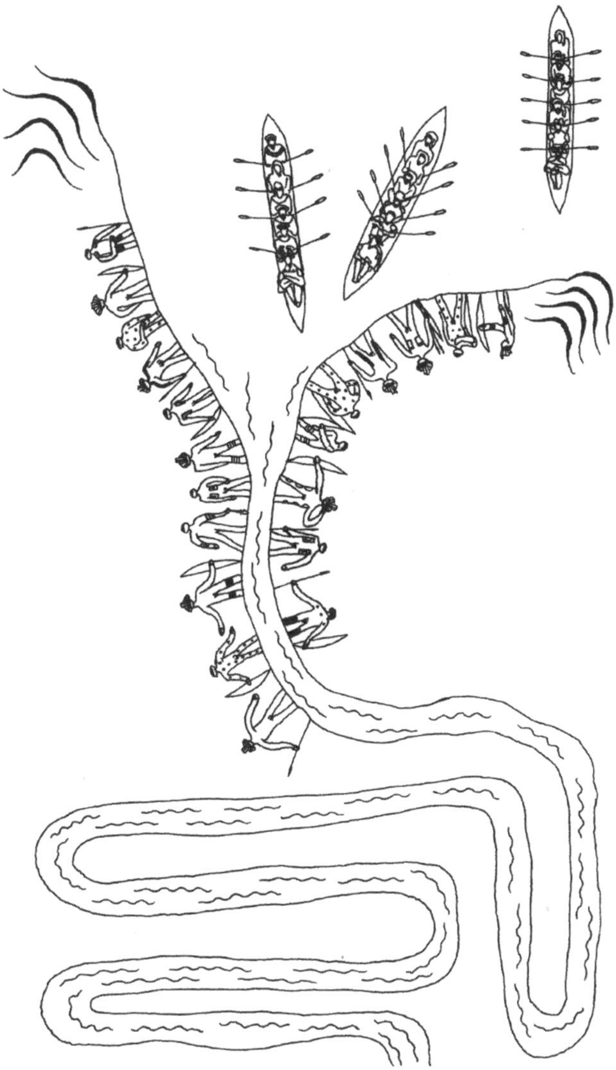

e nove braças, até meia légua de terra, onde todos lançamos âncoras em direito da boca de um rio. E chegaríamos a esta ancoragem às dez horas pouco mais ou menos.

E dali houvemos vista de homens que andavam pela praia, obra de sete ou oito, segundo os navios pequenos disseram, por chegarem primeiro.

Ali lançamos os batéis e esquifes fora; e vieram logo todos os capitães das naus a esta nau do Capitão-mor, onde falaram. E o Capitão mandou no batel em terra a Nicolau Coelho para ver aquele rio. E tanto que ele começou de ir para lá, acudiram pela praia homens, quando dois, quando três, de maneira que, quando o batel chegou à boca do rio, eram ali dezoito ou vinte homens pardos, todos nus, sem nenhuma coisa que lhes cobrisse suas vergonhas. Traziam arcos nas mãos, e suas setas. Vinham todos rijos para o batel; e Nicolau Coelho lhes fez sinal que pousassem os arcos. E eles os pousaram.

Ali não pôde deles haver fala, nem entendimento que aproveitasse, por o mar quebrar na costa. Somente deu-lhes um barrete vermelho e uma carapuça de linho que levava na cabeça e um sombreiro preto. E um deles lhe deu um sombreiro de penas de ave, compridas, com uma copazinha pequena de penas vermelhas e pardas, como de papagaio, e outro lhe deu um ramal grande de continhas brancas, miúdas, que querem parecer de aljaveira, as quais peças creio que o Capitão manda a Vossa Alteza. E com isto se volveu às naus por ser tarde, e não poder deles haver mais fala, por causa do mar.

À noite seguinte ventou tanto sueste com chuvaceiros que fez caçar as naus, e especialmente a capitânia. E sexta pela manhã, às oito horas, pouco mais ou menos, por conselho dos pilotos, mandou o Capitão levantar âncoras e fazer vela; e fomos de longo da costa, com os batéis e esquifes amarrados pela popa, contra o norte, para ver se achávamos alguma abrigada e bom pouso onde ficássemos, para tomar água e lenha. Não por nos já minguar, mas por nos acertarmos aqui.

E quando fizemos vela, seriam já na praia assentados, junto com o rio, obra de sessenta ou setenta homens que se juntaram ali aos poucos e poucos. Fomos de longo, e mandou o Capitão aos navios pequenos que fossem mais chegados à terra e que, se achassem pouso seguro para as naus, que amainassem.

E sendo nós pela costa obra de dez léguas donde nos levantamos, acharam os ditos navios pequenos um arrecife com um porto dentro, muito bom e muito seguro, com uma mui larga entrada, e meteram-se dentro e amainaram, e as naus arribaram sobre eles; e um pouco antes do sol-posto amainaram, obra de uma légua do arrecife, e ancoraram-se em onze braças.

E sendo Afonso Lopes, nosso piloto, em um daqueles navios pequenos, por mandado do Capitão, por ser homem vivo e destro para isso, meteu-se logo no esquife a sondar o porto dentro; e tomou em uma almadia dois daqueles homens da terra, mancebos e de bons corpos. E um deles trazia um arco

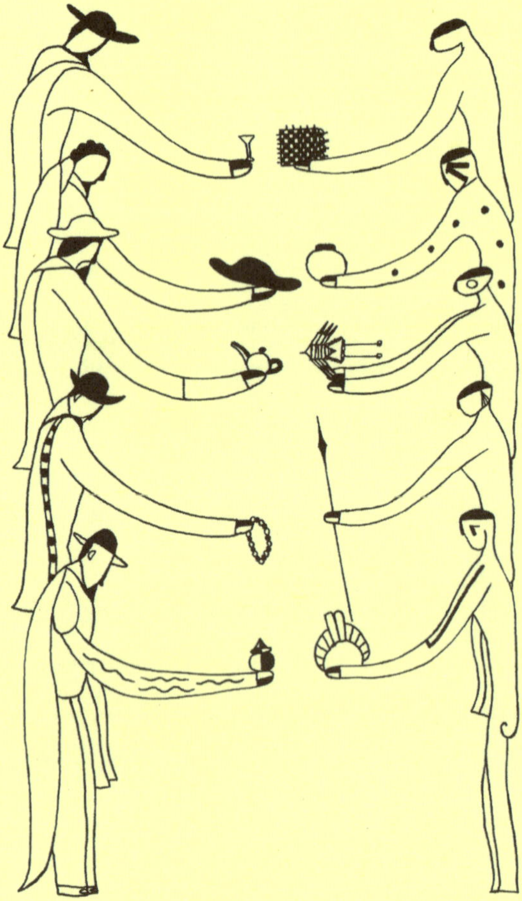

e seis ou sete setas; e na praia andavam muitos com seus arcos e setas, e não lhe aproveitaram. Trouxe-os logo, já de noite, ao Capitão, onde foram recebidos com muito prazer e festa.

A feição deles é serem pardos, maneira de avermelhados, de bons rostos e bons narizes, bem-feitos. Andam nus, sem nenhuma cobertura. Nem estimam nenhuma coisa cobrir nem mostrar suas vergonhas; e estão acerca disso com tanta inocência como têm em mostrar o rosto. Traziam, ambos, os beiços de baixo furados e, metidos por eles, ossos. Ossos brancos, do comprimento duma mão travessa, da grossura dum fuso de algodão, agudos na ponta como furador. Metem-nos pela parte de dentro do beiço; e o que lhes fica entre o beiço e os dentes é feito como um roque de xadrez, e em tal maneira o trazem ali encaixado que não os magoa, nem lhes estorva a fala, nem comer, nem beber.

Os cabelos seus são corredios. E andavam tosquiados, de tosquia alta, mais que de sobrepente, de boa grandura e rapados até por cima das orelhas. E um deles trazia por baixo da solapa, de fonte a fonte para detrás, uma maneira de cabeleira de penas de ave amarelas, que seria do comprimento de um coto, mui basta e mui cerrada, que lhe cobria o toutiço e as orelhas. A qual andava pegada nos cabelos, pena a pena, com uma confeição branda como cera, e não no era. De maneira que andava a cabeleira mui redonda e mui basta, e mui igual, e não fazia míngua mais lavagem para a levantar.

O Capitão, quando eles vieram, estava assentado em uma cadeira, uma alcatifa aos pés por estrado, e bem vestido, com um colar de ouro mui grande ao pescoço. Sancho de Tovar, Simão de Miranda, Nicolau Coelho, Aires Correia, e nós outros que aqui na nau com ele imos, assentados no chão, por essa alcatifa. Acenderam-se tochas; entraram, e não fizeram nenhuma menção de cortesia, nem de falar ao Capitão nem a ninguém. Porém um deles pôs olho no colar do Capitão, e começou de acenar com a mão para a terra e depois para o colar. Como que nos dizia que havia em terra ouro. E também viu um castiçal de prata, e assim mesmo acenava para a terra e então para o castiçal, como que havia também prata.

Mostraram-lhes um papagaio pardo que aqui o Capitão traz; tomaram-no logo na mão e acenaram para a terra, como que os havia ali. Mostraram-lhes um carneiro, e não fizeram dele menção. Mostraram-lhes uma galinha; quase haviam medo dela, e não lhe queriam pôr a mão; e depois a tomaram como espantados.

Deram-lhes ali de comer pão e pescado cozido, confeitos, fartéis, mel e figos passados. Não quiseram comer daquilo quase nada, e, se alguma coisa provavam, lançavam-na logo fora.

Trouxeram-lhes vinho numa taça; mal lhe puseram a boca e não gostaram dele nada, nem o quiseram mais. Trouxeram-lhes água em uma albarrada; tomaram bocados dela, e não beberam; somente lavaram as bocas e lançaram fora.

Viu um deles umas contas de rosário, brancas; acenou que lhas dessem, folgou muito com elas, e lançou-as ao pescoço. Depois tirou-as e enrolou-as no braço e acenava para a terra e então para as contas e para o colar do Capitão, como que dariam ouro por aquilo.

Isto tomávamos nós assim por o desejarmos; mas se ele queria dizer que levaria as contas e mais o colar, isto não queríamos nós entender, porque não lho havíamos de dar. E depois tornou as contas a quem lhas dera. E então estiraram-se assim de costas na alcatifa, a dormir, sem terem nenhuma maneira de cobrirem suas vergonhas, as quais não eram fanadas, e as cabeleiras delas bem rapadas e feitas. O Capitão lhes mandou pôr às cabeças seus coxins; e o da cabeleira procurava assaz por a não quebrar. E lançaram-lhes um manto em cima; e eles consentiram, quedaram-se e dormiram.

Ao sábado pela manhã mandou o Capitão fazer vela, e fomos demandar a entrada, a qual era mui larga e alta de seis a sete braças. Entraram todas as naus dentro; e ancoraram em cinco ou seis braças, a qual ancoragem dentro é tão grande e tão formosa e tão segura que podem estar dentro dela mais de duzentos navios e naus. E tanto que as naus foram pousadas e ancoradas, vieram os capitães todos a esta nau do Capitão-mor. E daqui mandou o Capitão a Nicolau Coelho e Bartolomeu Dias que fossem em terra e levassem aqueles dois homens e os deixassem ir com seu arco e setas. Aos quais mandou dar a cada um uma camisa nova, uma carapuça vermelha e um rosário de contas brancas de osso, que eles levaram nos braços, e cascavéis e campainhas. E mandou com eles para ficar lá um mancebo degredado, criado de D. João Telo, a quem chamam Afonso Ribeiro, para andar lá com eles e saber de seu viver e maneiras. E a mim mandou que fosse com Nicolau Coelho.

Fomos assim de frecha direitos à praia. Ali acudiram logo obra de duzentos homens, todos nus, e com arcos e setas nas mãos. Aqueles que nós levávamos acenaram-lhes que se afastassem e pousassem os arcos; e eles os pousaram, mas não se afastaram muito. E mal pousaram os arcos, logo saíram os que nós levávamos, e o mancebo degredado com eles; os quais, assim como saíram, não pararam mais, nem esperava um pelo outro, se não a quem mais corria. E passaram um rio que por ali corre, d'água doce, e de muita água, que lhes dava pela braga; e outros muitos com eles. E foram assim correndo, além do rio, entre umas moitas de palmas onde estavam outros, e ali pararam. E naquilo foi o degredado com um homem que, logo ao sair do batel, o agasalhou e levou até lá. Mas logo o tornaram a nós; e com ele vieram os outros que nós leváramos, os quais vinham já nus e sem carapuças.

Então se começaram de chegar muitos, e entravam pela beira do mar para os batéis, até que mais não podiam; traziam cabaças de água, e tomavam alguns barris que nós levávamos; enchiam-nos de água e traziam-nos aos batéis.

Não que eles de todo chegassem à borda do batel, mas junto a ele, lançavam-nos das mãos, e nós os tomávamos; e pediam que lhes dessem alguma coisa. Levava Nicolau Coelho cascavéis e manilhas. E a um dava um cascavel e a outro uma manilha, de maneira que com aquela carnada quase nos queriam dar a mão. Davam-nos daqueles arcos e setas por sombreiros e carapuças de linho e por qualquer coisa que homem lhes queria dar.

Dali se partiram os outros dois mancebos, que não os vimos mais.

Andavam ali muitos deles ou quase a maior parte, que todos traziam aqueles bicos de osso nos beiços. E alguns, que andavam sem eles, traziam os beiços furados e nos buracos traziam uns espelhos de pau, que pareciam espelhos de borracha; e alguns deles traziam três daqueles bicos, a saber, um na metade e os dois nos cabos. Aí andavam outros, quartejados de cores, seja metade da sua própria cor, e metade de pintura negra, maneira de azulada; e outros quartejados de escaques. Ali andavam entre eles três ou quatro moças, bem moças e bem gentis, com cabelos muito pretos e compridos pelas espáduas, e suas vergonhas tão altas, tão cerradinhas e tão limpas das cabeleiras que, de as nós muito bem olharmos, não tínhamos nenhuma vergonha.

Ali por então não houve mais fala nem entendimento com eles, por a berberia deles ser tamanha que se não entendia nem ouvia ninguém. Acenamos-lhes que se fossem, e assim o fizeram e passaram-se além do rio. Saíram três ou quatro homens nossos dos batéis, e encheram não sei quantos barris de água que nós levávamos, e tornamo-nos às naus. Mas quando assim vínhamos, acenaram-nos que tornássemos. Tornamos, e eles mandaram o degredado e não quiseram que ficasse lá com eles. O qual levava uma bacia pequena e

duas ou três carapuças vermelhas para lá as dar ao senhor, se o houvesse. Não cuidaram de lhe tomar nada, antes o mandaram com tudo. Mas então Bartolomeu Dias o fez outra vez tornar, ordenando que lhes desse aquilo. E ele tornou e o deu, à vista de nós, àquele que da primeira vez o agasalhara; e então veio-se, e trouxemo-lo.

Esse que o agasalhou era já de idade, e andava, por louçainha, todo cheio de penas, pegadas pelo corpo, que parecia asseteado como S. Sebastião. Outros traziam carapuças de penas amarelas; outros de vermelhas; e outros de verdes. E uma daquelas moças era toda tingida, de baixo a cima, daquela tintura; e certo era tão bem-feita e tão redonda, e sua vergonha (que ela não tinha) tão graciosa, que a muitas mulheres da nossa terra, vendo-lhe tais feições, fizera vergonha, por não terem a sua como ela. Nenhum deles não era fanado, mas todos assim como nós. E com isto nos tornamos e eles foram-se.

À tarde saiu o Capitão-mor em seu batel com todos nós outros e com os outros capitães das naus em seus batéis a folgar pela baía, em frente da praia. Mas ninguém saiu em terra, por não o querer o Capitão, sem embargo de ninguém nela estar. Somente saiu – ele com todos nós – em um ilhéu grande, que na baía está e que na baixa-mar fica mui vazio. Porém é de todas as partes cercado de água, que não pode ninguém ir a ele sem barco ou a nado. Ali folgou ele, e todos nós outros, bem uma hora e meia.

E alguns marinheiros, que ali andavam com um chinchorro, mataram pescado miúdo, não muito. Então volvemo-nos às naus, já bem noite.

Ao domingo de Pascoela pela manhã, determinou o Capitão de ir ouvir missa e pregação naquele ilhéu. Mandou a todos os capitães que se aprestassem nos batéis e fossem com ele, e assim foi feito. Mandou naquele ilhéu armar um esperavel, e dentro dele levantar um altar mui bem arranjado. E ali com todos nós outros fez dizer missa, a qual disse o padre frei Henrique, em voz entoada, e oficiada com aquela mesma voz pelos outros padres e sacerdotes, que ali todos eram. A qual missa, segundo meu parecer, foi ouvida por todos com muito prazer e devoção.

Ali era com o Capitão a bandeira de Cristo, com que saiu de Belém, a qual esteve sempre alta, da parte do Evangelho.

Acabada a missa, desvestiu-se o padre e pôs-se em uma cadeira alta; e nós todos lançados por essa areia. E pregou uma solene e proveitosa pregação da história do Evangelho, ao fim dela tratou de nossa vinda e do achamento desta terra, conformando-se com o sinal da Cruz, sob cuja obediência viemos, a qual veio muito a propósito e fez muita devoção.

Enquanto estivemos à missa e à pregação, seria na praia outra tanta gente, pouco mais ou menos como a de ontem, com seus arcos e setas, a qual andava folgando. E olhando-nos, assentaram-se. E, depois de acabada a missa, assentados nós à pregação, levantaram-se muitos deles, tangeram corno ou buzina e começaram a saltar e a dançar um pedaço. E alguns deles se metiam em almadias – duas ou três que aí tinham –, as quais não são feitas como as que eu já vi; somente são três traves, atadas juntas. E ali se metiam quatro ou cinco, ou esses que queriam, não se afastando quase nada da terra, senão enquanto podiam tomar pé. Acabada a pregação, moveu-se o Capitão, com todos, para os batéis, com nossa bandeira alta.

Embarcamos e fomos assim todos em direção à terra para passarmos ao longo por onde eles estavam; indo diante, por mandado do Capitão, Bartolomeu Dias em seu esquife, com um pau de uma almadia que lhes o mar levara, para lhos dar; e nós todos, obra de tiro de pedra, atrás dele.

Como viram o esquife de Bartolomeu Dias, chegaram-se logo todos à água, metendo-se nela até onde mais podiam. Acenaram-lhes que pousassem os arcos; e muitos deles os iam logo pôr em terra; e outros os não punham.

Andava aí um que falava muito aos outros que se afastassem, mas não que a mim me parecesse que lhe tinham acatamento nem medo. Este que os assim andava afastando trazia seu arco e setas, e andava tinto de tintura vermelha pelos peitos e espáduas e pelos quadris, coxas e pernas até embaixo, mas os vazios com a barriga e o estômago eram de sua própria cor. E a tintura era assim vermelha que a água a não comia nem desfazia, antes, quando saía da água, era mais vermelha.

Saiu um homem do esquife de Bartolomeu Dias e andava entre eles, sem implicarem nada com ele para fazer-lhe mal.

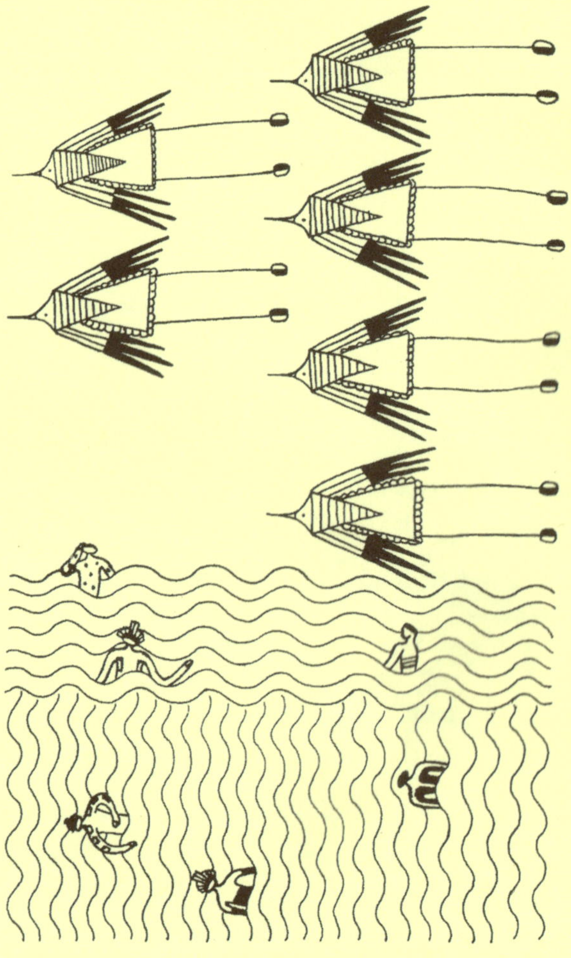

Antes lhe davam cabaças de água, e acenavam aos do esquife que saíssem em terra.

Com isto se volveu Bartolomeu Dias ao Capitão; e viemo-nos às naus, a comer, tangendo trombetas e gaitas sem lhes dar mais opressão. E eles tornaram-se a assentar na praia e assim por então ficaram.

Neste ilhéu, aonde fomos ouvir missa e pregação, espraia muito a água, e descobre muita areia e muito cascalho. Foram alguns, nós aí estando, buscar marisco, e não no acharam. Acharam alguns camarões grossos e curtos, entre os quais vinha um muito grande camarão e muito grosso, como em nenhum tempo vi tamanho. Também acharam cascas de berbigões e amêijoas, mas não toparam com nenhuma peça inteira.

E tanto que comemos, vieram logo todos os capitães a esta nau, por mandado do Capitão-mor, com os quais ele se apartou, e eu na companhia. E perguntou a todos se nos parecia bem mandar a nova do achamento desta terra a Vossa Alteza pelo navio dos mantimentos, para a melhor mandar descobrir e saber dela mais do que agora nós podíamos saber, por irmos de nossa viagem.

E entre muitas falas que no caso se fizeram, foi por todos ou a maior parte dito que seria muito bem. E nisto concluíram. E tanto que a conclusão foi tomada, perguntou mais se seria bom tomar aqui por força um par destes homens para os mandar a Vossa Alteza, e deixar aqui por eles outros dois destes degredados.

A isto acordaram que não era necessário tomar por força homens, porque era geral costume dos que assim levavam por força para alguma parte dizerem que há ali de tudo o que lhes perguntam; e que melhor e muito melhor informação da terra dariam dois homens destes degredados que aqui deixassem do que eles dariam se os levassem, por ser gente que ninguém entende. Nem eles tão cedo aprenderiam a falar para o saberem tão bem dizer que muito melhor estoutros o não digam, quando Vossa Alteza cá mandar. E que portanto não cuidassem de aqui tomar ninguém por força nem de fazer escândalo, para de todo mais os amansar e pacificar, senão somente deixar aqui os dois degredados quando daqui partíssemos.

E assim, por melhor parecer a todos, ficou determinado. Acabado isto, disse o Capitão que fôssemos nos batéis em terra, e ver-se-ia bem o rio quejando era, e também para folgarmos.

Fomos todos nos batéis em terra, armados e a bandeira conosco. Eles andavam ali na praia, à boca do rio, aonde nós íamos; e, antes que chegássemos, pelo ensino que dantes tinham, pousaram todos os arcos, e acenavam que saíssemos. E, tanto que os batéis puseram as proas em terra, passaram-se logo todos além do rio, o qual não é mais ancho que um jogo de mancal. E tanto que desembarcamos, alguns dos nossos passaram logo o rio, e foram entre eles. Alguns aguardavam; outros afastavam-se. Era, porém, a coisa de maneira que todos andavam misturados. Eles davam desses arcos com suas setas por sombreiros e carapuças de linho ou por qualquer coisa que lhes davam.

Passaram além tantos dos nossos, e andavam assim misturados com eles, que eles se esquivavam e afastavam-se. E deles alguns iam-se para cima onde outros estavam.

Então o Capitão fez-se tomar ao colo de dois homens, passou o rio, e fez tornar a todos. A gente, que ali era, não seria mais que aquela que soía. E tanto que o Capitão fez tornar a todos, vieram alguns deles a ele, não porque o conhecessem por Senhor, pois me parece que não entendem, nem tomavam disso conhecimento, mas porque a gente nossa passava já para aquém do rio.

Ali falavam e traziam muitos arcos e continhas daquelas já ditas, e resgatavam-nas por qualquer coisa, em tal maneira que os nossos trouxeram dali para as naus muitos arcos e setas e contas.

Então tornou-se o Capitão aquém do rio, e logo acudiram muitos à beira dele.

Ali veríeis galantes, pintados de preto e de vermelho, e quartejados, assim pelos corpos como pelas pernas, que, certo, pareciam bem assim.

Também andavam, entre eles, quatro ou cinco mulheres moças, assim nuas, que não pareciam mal; entre as quais andava uma com uma coxa, do joelho até ao quadril, e a nádega, toda tinta daquela tintura preta; e o resto, tudo da sua própria cor. Outra trazia ambos os joelhos, com as curvas assim tintas, e também os colos dos pés; e suas vergonhas tão nuas e com tanta inocência descobertas, que não havia aí nenhuma vergonha.

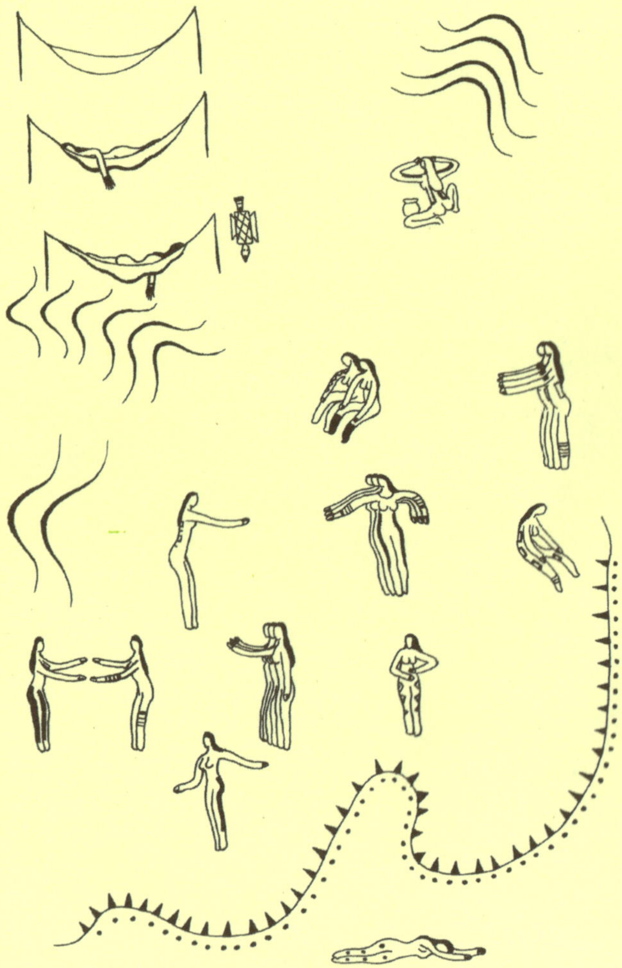

Também andava aí outra mulher moça, com um menino ou menina no colo, atado com um pano (não sei de quê) aos peitos, de modo que não lhe apareciam senão as perninhas. Mas as pernas da mãe e o resto não traziam nenhum pano.

Depois andou o Capitão para cima ao longo do rio, que anda sempre rente à praia. Ali esperou um velho, que trazia na mão uma pá de almadia. Falou, enquanto o Capitão esteve com ele, perante nós todos, sem nunca ninguém o entender, nem ele a nós quantas coisas lhe perguntávamos acerca de ouro, que nós desejávamos saber se havia na terra.

Trazia este velho o beiço tão furado, que lhe caberia pelo furado um grande dedo polegar, e trazia metida no furado uma pedra verde, ruim, que cerrava por fora aquele buraco. O Capitão lha fez tirar. E ele não sei que diabo falava e ia com ela direito ao Capitão, para lha meter na boca. Estivemos sobre isso rindo um pouco; e então enfadou-se o Capitão e deixou-o. E um dos nossos deu-lhe pela pedra um sombreiro velho, não por ela valer alguma coisa, mas por amostra. Depois houve-a o Capitão, segundo creio, para, com as outras coisas, a mandar a Vossa Alteza.

Andamos por aí vendo a ribeira, a qual é de muita água e muito boa. Ao longo dela há muitas palmas, não muito altas, em que há muito bons palmitos. Colhemos e comemos deles muitos. Então tornou-se o Capitão para baixo, para a boca do rio, onde desembarcamos; e além do rio andavam muitos deles dançando e folgando, uns diante dos outros, sem se tomarem pelas mãos. E faziam-no bem. Passou-se então além do rio Diogo Dias, almoxarife que foi de Sacavém, que é homem gracioso e de prazer; e levou consigo um gaiteiro nosso com sua gaita.

E meteu-se com eles a dançar, tomando-os pelas mãos; e eles folgavam e riam, e andavam com ele muito bem ao som da gaita. Depois de dançarem, fez-lhes ali, andando no chão, muitas voltas ligeiras e salto real, de que eles se espantavam e riam e folgavam muito. E conquanto com aquilo muito os segurou e afagou, tomavam logo uma esquiveza como de animais monteses, e foram-se para cima.

E então o Capitão passou o rio com todos nós outros, e fomos pela praia de longo, indo os batéis, assim, rente da terra. Fomos até uma lagoa grande de água doce, que está junto com a praia, porque toda aquela ribeira do mar tem pauis por cima e sai a água por muitos lugares.

E depois de passarmos o rio, foram uns sete ou oito deles andar entre os marinheiros que se recolhiam aos batéis. E levaram dali um tubarão, que Bartolomeu Dias matou, lhes levou e lançou na praia.

Bastará dizer-vos que até aqui, como quer que eles um pouco se amansassem, logo duma mão para a outra se esquivavam, como pardais, do cevadouro, e homem não lhes ousa falar de rijo para não se esquivarem mais; e tudo se passa como eles querem, para os bem amansar.

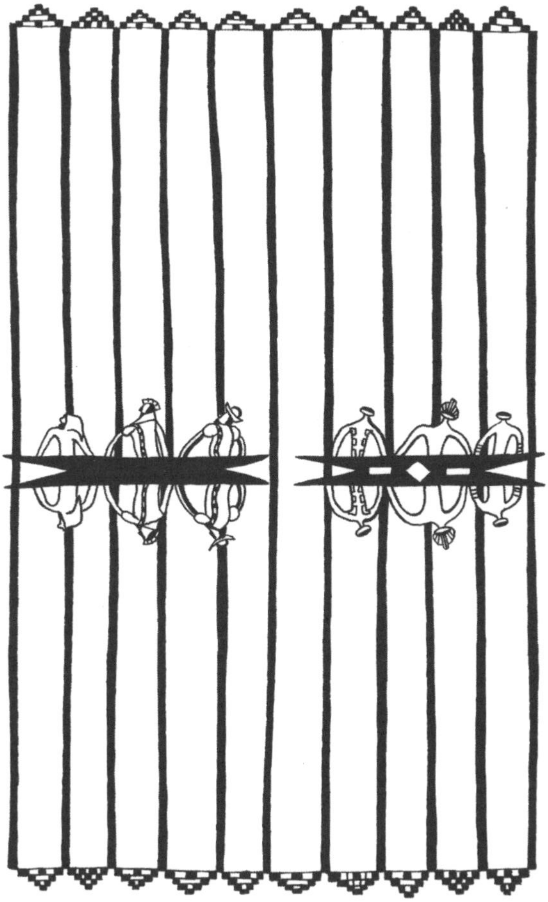

O Capitão ao velho, com quem falou, deu uma carapuça vermelha. E com toda a fala que entre ambos se passou e com a carapuça que lhe deu, tanto que se apartou e começou de passar o rio, foi-se logo recatando e não quis mais tornar do rio para aquém.

Os outros dois, que o Capitão teve nas naus, a que deu o que já disse, nunca mais aqui apareceram – do que tiro ser gente bestial, e de pouco saber, e por isso são assim esquivos. Eles porém contudo andam muito bem cuidados e muito limpos. E naquilo me parece ainda mais que são como aves ou alimárias montesas, às quais faz o ar melhor pena e melhor cabelo que às mansas. Porque os corpos seus são tão limpos, e tão gordos e tão formosos, que não pode mais ser. Isto me faz presumir que não têm casas nem moradas em que se acolham, e o ar, a que se criam, os faz tais. Nem nós ainda até agora não vimos nenhumas casas, nem maneira delas.

Mandou o Capitão àquele degredado Afonso Ribeiro que se fosse outra vez com eles. O qual se foi e andou lá um bom pedaço, mas à tarde tornou-se, que o fizeram vir e não o quiseram lá consentir. E deram-lhe arcos e setas; e não lhe tomaram nenhuma coisa do seu. Antes – disse ele – que um deles lhe tomara umas continhas amarelas, que levava, e fugia com elas, e ele se queixou, e os outros foram logo após ele e lhas tomaram e tornaram-lhes a dar; e então mandaram-no vir. Disse ele que não vira lá entre eles senão umas choupaninhas de rama verde e de fetos muito grandes, como de Entre Douro e Minho.

E assim nos tornamos às naus, já quase noite, a dormir.

À segunda-feira, depois de comer, saímos todos em terra a tomar água. Ali vieram então muitos, mas não tantos como as outras vezes, e traziam já muito poucos arcos. Estiveram assim um pouco afastados de nós; e depois pouco a pouco misturaram-se conosco. Abraçavam-nos e folgavam. E alguns deles se esquivavam logo. Ali davam alguns arcos por folhas de papel e por alguma carapucinha velha ou por qualquer coisa. Em tal maneira se passou a coisa que bem vinte ou trinta pessoas das nossas se foram com eles, onde outros muitos deles estavam com moças e mulheres. E trouxeram de lá muitos arcos e barretes de penas de aves, deles verdes e deles amarelos, dos quais, segundo creio, o Capitão há de mandar amostra a Vossa Alteza.

E, segundo diziam esses que lá foram, folgavam com eles. Neste dia os vimos mais de perto e mais à nossa vontade, por andarmos todos quase misturados. Ali, alguns andavam daquelas tinturas quartejados; outros de metades; outros de tanta feição, como em panos de armar, e todos com os beiços furados, e muitos com os ossos neles, e outros sem ossos.

Traziam alguns deles uns ouriços verdes, de árvores, que, na cor, queriam parecer de castanheiros, embora mais e mais pequenos. E eram aqueles cheios duns grãos vermelhos pequenos, que, esmagados entre os dedos, faziam tintura muito vermelha, de que eles andavam tintos. E quanto mais se molhavam, tanto mais vermelhos ficavam.

Todos andam rapados até acima das orelhas; e assim as sobrancelhas e pestanas.

Trazem todos as testas, de fonte a fonte, tintas da tintura preta, que parece uma fita preta, ancha de dois dedos.

E o Capitão mandou àquele degredado Afonso Ribeiro e a outros dois degredados, que fossem andar lá entre eles; e assim a Diogo Dias, por ser homem ledo, com que eles folgavam; e aos degredados mandou que ficassem lá esta noite.

Foram-se lá todos, e andaram entre eles. E, segundo eles diziam, foram bem uma légua e meia a uma povoação de casas, em que haveria nove ou dez casas, as quais diziam que eram tão compridas, cada uma, como esta nau capitânia. Eram de madeira, e das ilhargas de tábuas, e cobertas de palha, de razoável altura; todas duma só peça, sem nenhum repartimento, tinham dentro muitos esteios; e, de esteio a esteio, uma rede atada pelos cabos, alta, em que dormiam. Debaixo, para se esquentarem faziam seus fogos. E tinha cada casa duas portas pequenas, uma num cabo, e outra no outro.

Diziam que em cada casa se acolhiam trinta ou quarenta pessoas e que assim os achavam; e que lhes davam de comer daquela vianda, que eles tinham, a saber, muito inhame e outras sementes, que na terra há e eles comem. Mas, quando se fez tarde, fizeram-nos logo tornar a todos e não quiseram que lá ficasse nenhum. Ainda, segundo eles diziam, queriam vir com eles. Resgataram lá por cascavéis e por outras coisinhas de pouco valor que levavam, papagaios vermelhos, muito grandes e formosos, e dois verdes pequeninos e carapuças de penas verdes, e um pano de penas de muitas cores, maneira de tecido assaz formoso, segundo Vossa Alteza todas estas coisas verá, porque o Capitão vo-las há de mandar, segundo ele disse. E com isto vieram; e nós tornamo-nos às naus.

À terça-feira, depois de comer, fomos em terra dar guarda de lenha e lavar roupa. Estavam na praia, quando chegamos, obra de sessenta ou setenta sem arcos e sem nada. Tanto que chegamos, vieram-se logo para nós, sem se esquivarem. Depois acudiram muitos, que seriam bem duzentos, todos sem arcos; e misturaram-se todos tanto conosco que alguns nos ajudavam a acarretar lenha e a meter nos batéis. E lutavam com os nossos e tomavam muito prazer.

Enquanto fazíamos a lenha, faziam dois carpinteiros uma grande cruz, dum pau, que ontem para isso se cortou.

Muitos deles vinham ali estar com os carpinteiros, e creio que o faziam mais por verem a ferramenta de ferro com que a faziam, que por verem a cruz, porque eles não têm coisa que de ferro seja, e cortam sua madeira e paus com pedras feitas como cunhas, metidas em um pau entre duas talas, mui bem atadas, e por tal maneira que andam fortes, segundo diziam os homens, que ontem a suas casas foram, porque lhas viram lá. Era já a conversação deles conosco tanta que quase nos estorvavam no que havíamos de fazer.

O Capitão mandou a dois degredados e a Diogo Dias que fossem lá à aldeia (e a outras, se houvessem novas delas) e que, em toda maneira, não viessem dormir às naus, ainda que eles os mandassem. E assim se foram. Enquanto andávamos nessa mata a cortar lenha, atravessavam alguns papagaios por essas árvores, deles verdes e outros pardos, grandes e pequenos, de maneira que me parece que haverá nesta terra muitos; porém eu não veria mais que até nove ou dez. Outras aves então não vimos, somente algumas pombas seixas, e pareceram-me bastante maiores que as de Portugal. Alguns diziam que viram rolas, mas eu não as vi. Mas, segundo os arvoredos são mui muitos e grandes, e de infindas maneiras, não duvido que por esse sertão haja muitas aves.

Cerca da noite nos volvemos para as naus com nossa lenha.

Eu creio, Senhor, que ainda não dei conta aqui a Vossa Alteza da feição de seus arcos e setas. Os arcos são pretos e compridos, as setas também compridas e os ferros delas de canas aparadas, segundo Vossa Alteza verá por alguns que – eu creio – o Capitão a Ela há de enviar.

À quarta-feira não fomos em terra, porque o Capitão andou todo o dia no navio dos mantimentos a despejá-lo e fazer levar às naus isso que cada uma podia levar. Eles acudiram à praia; muitos, segundo das naus vimos; seriam obra de trezentos, segundo Sancho Tovar, que lá foi, disse.

Diogo Dias e Afonso Ribeiro, o degredado, aos quais o Capitão ontem mandou que em toda maneira lá dormissem,

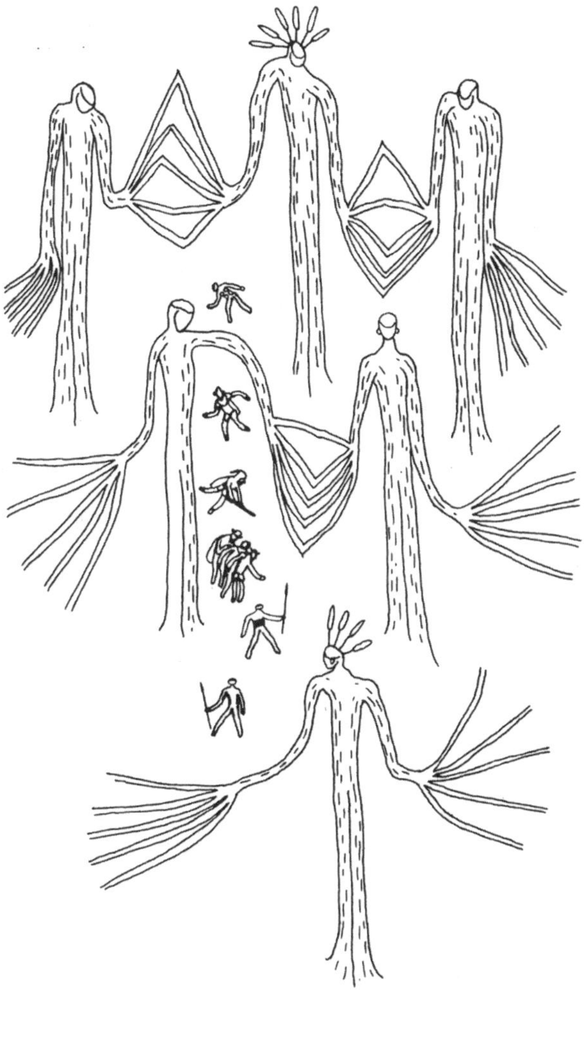

volveram-se já de noite, por eles não quererem que lá dormissem. Trouxeram papagaios verdes e outras aves pretas, quase como pegas, a não ser que tinham o bico branco e os rabos curtos.

Quando Sancho de Tovar se recolheu à nau, queriam vir com ele alguns, mas ele não quis senão dois mancebos dispostos e homens de prol. Mandou-os essa noite mui bem pensar e cuidar. Comeram toda a vianda que lhes deram; e mandou-lhes fazer cama de lençóis, segundo ele disse. Dormiram e folgaram aquela noite. E assim não houve mais este dia que para escrever seja.

À quinta-feira, derradeiro de abril, comemos logo, quase pela manhã, e fomos em terra por mais lenha e água. E, em querendo o Capitão sair desta nau, chegou Sancho de Tovar com seus dois hóspedes. E por ele não ter ainda comido, puseram-lhe toalhas, e veio-lhe vianda, e comeu. Os hóspedes, sentaram cada um em sua cadeira, e de tudo o que lhes deram comeram mui bem, especialmente lacão cozido, frio, e arroz. Não lhes deram vinho, por Sancho de Tovar dizer que o não bebiam bem.

Acabado o comer, metemo-nos todos no batel e eles conosco. Deu um grumete a um deles uma armadura grande de porco-montês, bem curva. Tanto que a tomou, meteu-a logo no beiço, e porque se lhe não queria segurar, deram-lhe uma pouca de cera vermelha. E ele ajeitou-lhe seu adereço detrás para ficar segura, e meteu-a no beiço, assim revolta para cima. E vinha tão contente com ela, como se tivesse uma grande joia. E tanto que saímos em terra, foi-se logo com ela e não apareceu mais aí.

Andariam na praia, quando saímos, oito ou dez deles; e daí a pouco começaram de vir mais. E parece-me que vieram, este dia, à praia, quatrocentos ou quatrocentos e cinquenta. Traziam alguns deles arcos e setas que todos deram por carapuças ou por qualquer coisa que lhes davam. Comiam conosco do que lhes dávamos. Bebiam alguns deles vinho; outros o não podiam beber. Mas parece-me, que se lho avezarem, o beberão de boa vontade.

Andavam todos tão dispostos, tão bem-feitos e galantes com suas tinturas, que pareciam bem. Acarretavam dessa lenha, quanta podiam, com mui boas vontades, e levavam-na aos batéis; e andavam já mais mansos e seguros entre nós, do que nós andávamos entre eles.

Foi o Capitão com alguns de nós um pedaço por este arvoredo até uma ribeira grande e de muita água, que a nosso parecer, era esta mesma, que vem ter à praia, e em que nós tomamos água.

Ali ficamos um pedaço, bebendo e folgando, ao longo dela, entre esse arvoredo, que é tanto e tamanho e tão basto e de tantas prumagens, que homem as não pode contar. Há entre ele muitas palmas de que colhemos muitos e bons palmitos.

Quando saímos do batel, disse o Capitão que seria bom irmos direitos à cruz, que estava encostada a uma árvore, junto com o rio, para se erguer amanhã, que é sexta-feira, e que nos puséssemos todos em joelhos e a beijássemos, para eles verem o acatamento que lhe tínhamos. E assim o fizemos. A esses dez ou doze que aí estavam acenaram-lhes que fizessem assim, e foram logo todos beijá-la.

Parece-me gente de tal inocência que, se homem os entendesse e eles a nós, seriam logo cristãos, porque eles não têm, nem entendem em nenhuma crença, segundo parece.

E portanto, se os degredados, que aqui hão de ficar, aprenderem bem a sua fala e os entenderem, não duvido que eles, segundo a santa intenção de Vossa Alteza, se hão de fazer cristãos e crerem na nossa santa fé, à qual praza a Nosso Senhor que os traga, porque, certo, esta gente é boa e de boa simplicidade.

E imprimir-se-á com ligeireza neles qualquer cunho, que lhes quiserem dar. E pois Nosso Senhor, que lhes deu bons corpos e bons rostos, como a bons homens, e por aqui nos trouxe, creio que não foi sem causa.

Portanto Vossa Alteza, que tanto deseja acrescentar a santa fé católica, deve cuidar da sua salvação. E prazerá a Deus que com pouco trabalho seja assim.

Eles não lavram, nem criam, nem há aqui boi, nem vaca, nem cabra, nem ovelha, nem galinha, nem outra nenhuma alimária, que costumada seja ao viver dos homens. Nem comem senão desse inhame, que aqui há muito, e dessa semente e frutos, que a terra e as árvores de si lançam. E com isto andam tais, e tão rijos, e tão nédios, que o não somos nós tanto, com quanto trigo e legumes comemos.

Neste dia, enquanto ali andaram, dançaram e bailaram sempre com os nossos, ao som dum tamboril dos nossos, em maneira que são muito mais nossos amigos que nós seus.

Se lhes homem acenava se queriam vir às naus, faziam-se logo prestes para isso, em tal maneira que se a gente todos quisera convidar, todos vieram. Porém não trouxemos esta noite às naus senão quatro ou cinco, a saber: o Capitão-mor, dois; Simão de Miranda, um, que trazia já por pajem; e Aires Gomes, outro, também por pajem.

Um dos que o Capitão trouxe era um dos hóspedes, que lhe trouxeram da primeira vez, quando aqui chegamos, o qual veio hoje aqui, vestido na sua camisa, e com ele um seu irmão; os quais foram esta noite mui bem agasalhados, assim de vianda, como de cama, de colchões e lençóis, para os mais amansar.

E hoje, que é sexta-feira, primeiro dia de maio, pela manhã, saímos em terra, com nossa bandeira; e fomos desembarcar acima do rio contra o sul, onde nos pareceu que seria melhor chantar a cruz, para ser melhor vista. Ali assinalou o Capitão onde fizessem a cova para a chantar.

Enquanto a ficaram fazendo, ele com todos nós outros fomos pela cruz abaixo do rio, onde ela estava. Dali a trouxemos com esses religiosos e sacerdotes diante cantando, em maneira de procissão.

Eram já aí alguns deles, obra de setenta ou oitenta; e, quando nos viram assim vir, alguns se foram meter debaixo dela, a ajudar-nos. Passamos o rio, ao longo da praia, e fomo-la pôr onde havia de ficar, que será do rio obra de dois tiros de besta. Andando-se ali nisto, vieram bem cento e cinquenta, ou mais.

Chantada a cruz, com as armas e divisa de Vossa Alteza, que primeiramente lhe pregaram, armaram altar ao pé dela. Ali disse missa o padre frei Henrique, a qual foi cantada e oficiada por esses já ditos. Ali estiveram conosco a ela obra de cinquenta ou sessenta deles, assentados todos em joelhos, assim como nós.

E quando veio ao Evangelho, que nos erguemos todos, em pé, com as mãos levantadas, eles se levantaram conosco e alçaram as mãos, ficando assim até ser acabado; e então tornaram-se a assentar como nós.

E quando levantaram a Deus, que nos pusemos de joelhos, eles se puseram assim todos, como nós estávamos, com as mãos levantadas, e em tal maneira sossegados, que, certifico a Vossa Alteza, nos fez muita devoção.

Estiveram assim conosco até acabada a comunhão, e depois da comunhão comungaram esses religiosos e sacerdotes e o Capitão com alguns de nós outros.

Alguns deles, por o sol ser grande, quando estávamos comungando, levantaram-se, e outros estiveram e ficaram. Um deles, homem de cinquenta ou cinquenta e cinco anos, ficou

ali com aqueles que ficaram. Esse, estando nós assim, ajuntava estes, que ali ficaram, e ainda chamava outros. E andando assim entre eles falando, lhes acenou com o dedo para o altar e depois mostrou o dedo para o céu, como se lhes dissesse alguma coisa de bem; e nós assim o tomamos.

Acabada a missa, tirou o padre a vestimenta de cima e ficou em alva; e assim subiu, junto ao altar, em uma cadeira. Ali nos pregou do Evangelho e dos Apóstolos, cujo o dia hoje é, tratando, ao fim da pregação, deste vosso prosseguimento tão santo e virtuoso, o que nos causou mais devoção.

Esses, que estiveram sempre à pregação, quedaram-se como nós olhando para ele. E aquele, que digo, chamava alguns que viessem para ali.

Alguns vinham e outros iam-se. E acabada a pregação, como Nicolau Coelho trouxesse muitas cruzes de estanho com crucifixos, que lhe ficaram ainda da outra vinda, houveram por bem que se lançasse uma ao pescoço de cada um. Pelo que o padre frei Henrique se assentou ao pé da cruz e ali, a um por um, lançava a sua, atada em um fio ao pescoço, fazendo-lha primeiro beijar e alevantar as mãos. Vinham a isso muitos; e lançaram-nas todas, que seriam obra de quarenta ou cinquenta.

Isto acabado – era já bem uma hora depois de meio-dia – viemos às naus a comer, onde o Capitão trouxe consigo aquele mesmo que fez aos outros aquela mostrança para o altar e para o céu, e um seu irmão com ele. Fez-lhe muita honra e deu-lhe uma camisa mourisca e ao outro uma camisa destoutras.

E, segundo o que a mim e a todos pareceu, esta gente não lhes falece outra coisa para ser toda cristã, senão entender--nos, porque assim tomavam aquilo que nos viam fazer, como nós mesmos, por onde nos pareceu a todos que nenhuma idolatria, nem adoração têm. E bem creio que, se Vossa Alteza aqui mandar quem mais entre eles devagar ande, que todos serão tornados ao desejo de Vossa Alteza. E por isso, se alguém vier, não deixe logo de vir clérigo para os batizar, porque já então terão mais conhecimento de nossa fé, pelos dois degredados, que aqui entre eles ficam, os quais hoje também comungaram ambos. Entre todos estes que hoje vieram, não veio mais que uma mulher moça, a qual esteve sempre à missa e a quem deram um pano com que se cobrisse. Puseram-lho a redor de si; porém, ao assentar, não fazia grande memória de o estender bem, para se cobrir. Assim, Senhor, a inocência desta gente é tal, que a de Adão não seria maior, quanto à vergonha.

Ora veja Vossa Alteza se quem em tal inocência vive se converterá ou não, ensinando-lhes o que pertence à sua salvação.

Acabado isto, fomos assim perante eles beijar a cruz, despedimo-nos e viemos comer.

Creio, Senhor, que com estes dois degredados que aqui ficam, ficam mais dois grumetes, que esta noite se saíram desta nau no esquife, fugidos para terra. Não vieram mais. E cremos que ficarão aqui, porque de manhã, prazendo a Deus, fazemos daqui nossa partida.

Esta terra, Senhor, me parece que da ponta que mais contra o sul vimos até outra ponta, que contra o norte vem, de que nós deste porto houvemos vista, será tamanha que haverá nela bem vinte ou vinte e cinco léguas por costa. Traz, ao longo do mar, nalgumas partes, grandes barreiras, delas vermelhas, delas brancas; e a terra por cima toda chã e muito cheia de grandes arvoredos. De ponta a ponta, é toda a praia uma palma, muito chã e muito formosa.

Pelo sertão nos pareceu, do mar, muito grande, porque, a estender os olhos, não podíamos ver senão terra com arvoredos, que nos parecia mui longa terra.

Nela, até agora, não pudemos saber que haja ouro, nem prata, nem nenhuma coisa de metal nem de ferro; nem lho vimos. Porém a terra em si é de muito bons ares, assim frios e temperados, como os de Entre Douro e Minho, porque neste tempo de agora os achávamos como os de lá.

Águas são muitas, infindas. E em tal maneira é graciosa que, querendo-a aproveitar, dar-se-á nela tudo, por bem das águas que tem.

Porém o melhor fruto, que nela se pode fazer, me parece que será salvar esta gente, e esta deve ser a principal semente que Vossa Alteza em ela deve lançar.

E, que aí não houvesse mais que ter aqui esta pousada para esta navegação de Calicute, isto bastaria; quanto mais disposição para se nela cumprir e fazer o que Vossa Alteza tanto deseja,

seja, o acrescentamento da nossa santa fé. E nesta maneira, Senhor, dou aqui a Vossa Alteza conta do que nesta terra vi; e, se algum pouco me alonguei, Ela me perdoe, que o desejo, que tinha, de tudo vos dizer, mo fez pôr assim pelo miúdo.

E pois que, Senhor, é certo que, assim, neste cargo que levo, como em outra qualquer coisa que de vosso serviço for, Vossa Alteza há de ser de mim muito bem servida, a Ela peço que, por me fazer singular mercê, mande vir da ilha de São Tomé a Jorge de Osório, meu genro – o que d'Ela receberei em muita mercê.

Beijo as mãos de Vossa Alteza.

Deste Porto Seguro, da vossa Ilha de Vera Cruz, hoje, sexta-feira, primeiro dia de maio de 1500.

PERO VAZ DE CAMINHA

do que neesta vosa terra vy . e se a alguũ pouco a
longuey : ela me perdoe / ca o desejo que ty
nha de vos tudo dizer mo fez asy poer pelo
meudo / E pois que Senhor he certo que asy
neeste carrego que levo como em outra qual
quer cousa que de voso serviço for vosa alteza
ha de seer de mym muyto bem servida / a ela
peço que por me fazer singular merçee mãd
de vijr da ylha de sam thomee a jorge dosoiro
meu genro o que dela Receberey em muyta
merçee / beijo as maãos de vosa alteza /
deste porto seguro da vosa ylha da vera cruz oje
sexta feira pº dia de mayo de 1500

pº vaaz de caminha

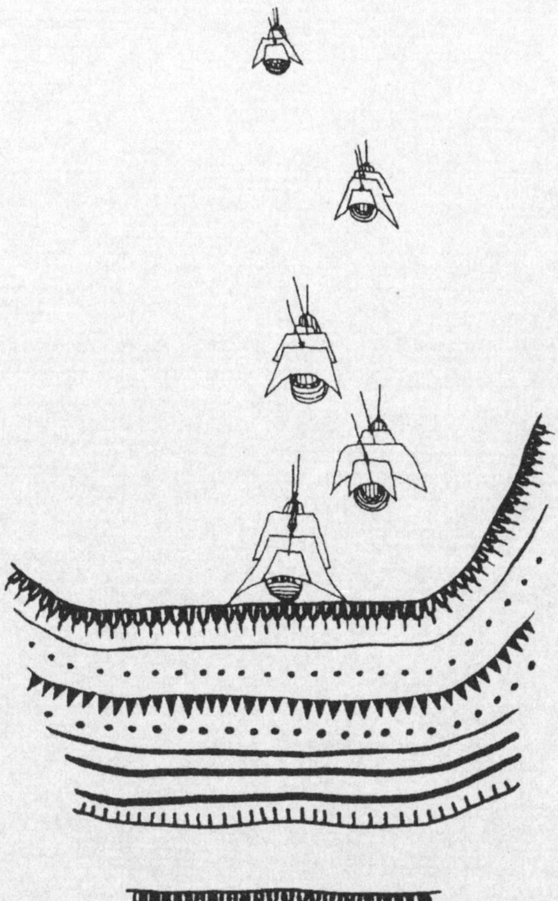

RUBEM BRAGA nasceu em 12 de janeiro de 1913 em Cachoeiro de Itapemirim, no Espírito Santo, e passou a dedicar-se precocemente ao jornalismo, em 1928, no jornal *Correio do Sul*, fundado por seus irmãos. Apesar de graduado em Direito, nunca exerceu a profissão e dedicou-se por toda a vida ao jornalismo e à crônica, passando por diversos jornais brasileiros. Atuou também como embaixador no Marrocos, chefe do Escritório Comercial do Brasil no Chile, editor, contista e poeta, experiências que influenciaram suas crônicas, além de ter sido correspondente do *Diário Carioca* durante a Segunda Guerra Mundial.

Considerado um dos mais importantes escritores brasileiros e expoente máximo da crônica no Brasil, Rubem Braga publicou seu primeiro livro, *O conde e o passarinho*, em 1936. A este se seguiram diversos outros títulos que lhe garantiram prestígio incomum junto ao público leitor e à crítica ao longo das últimas sete décadas. Obras como *Ai de ti, Copacabana!* alçaram a crônica, gênero comumente considerado "menor", a um patamar jamais alcançado na literatura brasileira.

Após muitas viagens e residências, Rubem Braga se instalou definitivamente no Rio de Janeiro, onde sua casa se tornou famoso ponto de encontro da intelectualidade carioca. Faleceu em 19 de dezembro de 1990 e suas cinzas foram jogadas no rio Itapemirim.

ROGER MELLO nasceu em Brasília, em 1965. É ilustrador, escritor e diretor de teatro. Vencedor do Prêmio Hans Christian Andersen na categoria Ilustrador, concedido pelo International Board on Books for Young People (IBBY) e considerado o Prêmio Nobel da Literatura Infantil e Juvenil. É *hors-concours* dos prêmios da Fundação Nacional do Livro Infantil e Juvenil (FNLIJ). Vencedor de dez prêmios Jabuti, também recebeu o Chen Bochui International Children's Literature Award como melhor autor estrangeiro na China.

OUTRAS OBRAS DE RUBEM BRAGA PUBLICADAS PELA GLOBAL EDITORA

Coisas simples do cotidiano

Dois pinheiros e o mar e outras crônicas sobre meio ambiente

Histórias de Zig

Melhores contos Rubem Braga

Melhores crônicas Rubem Braga

O menino e o tuim*

Rubem Braga crônicas para jovens

* Prelo

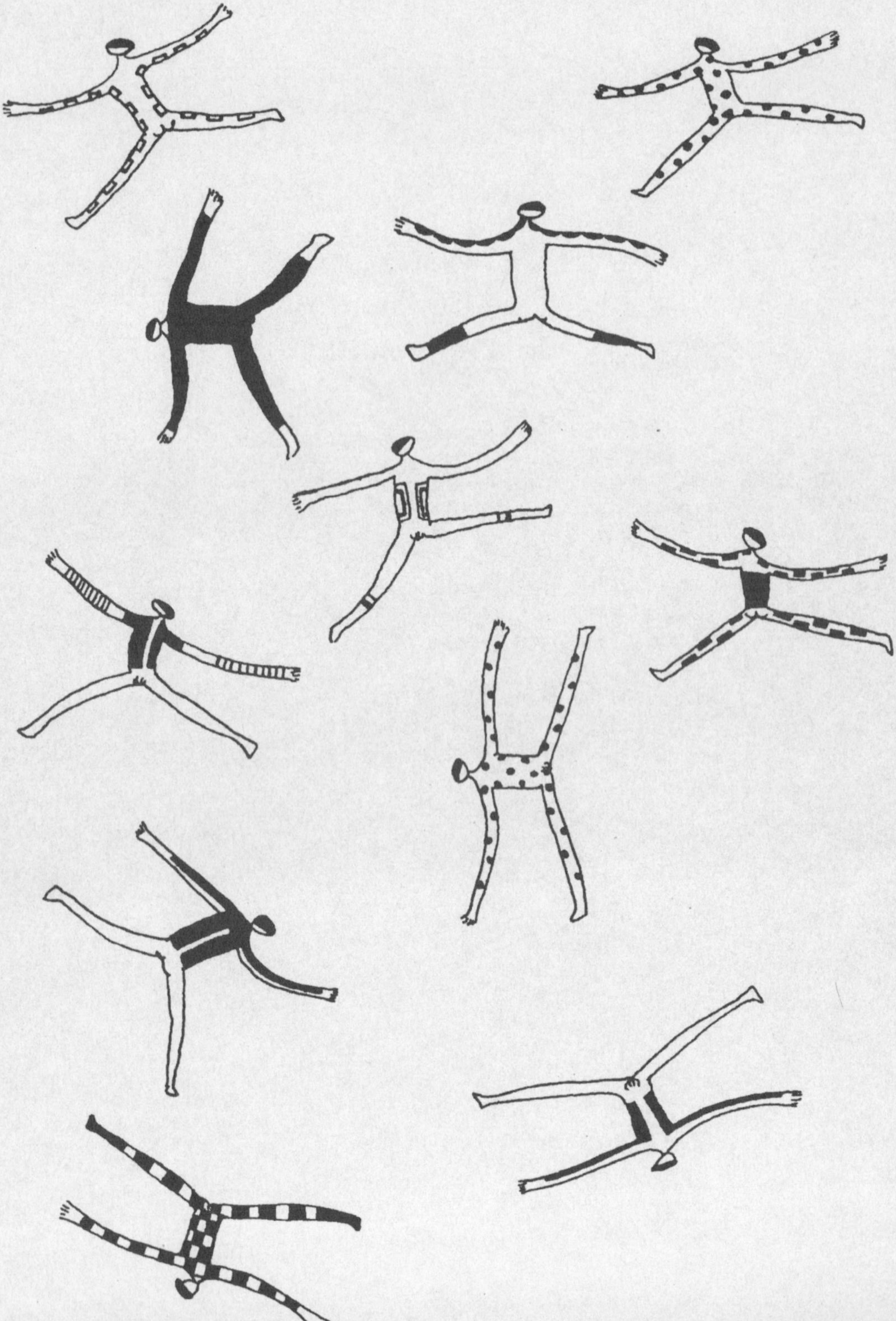

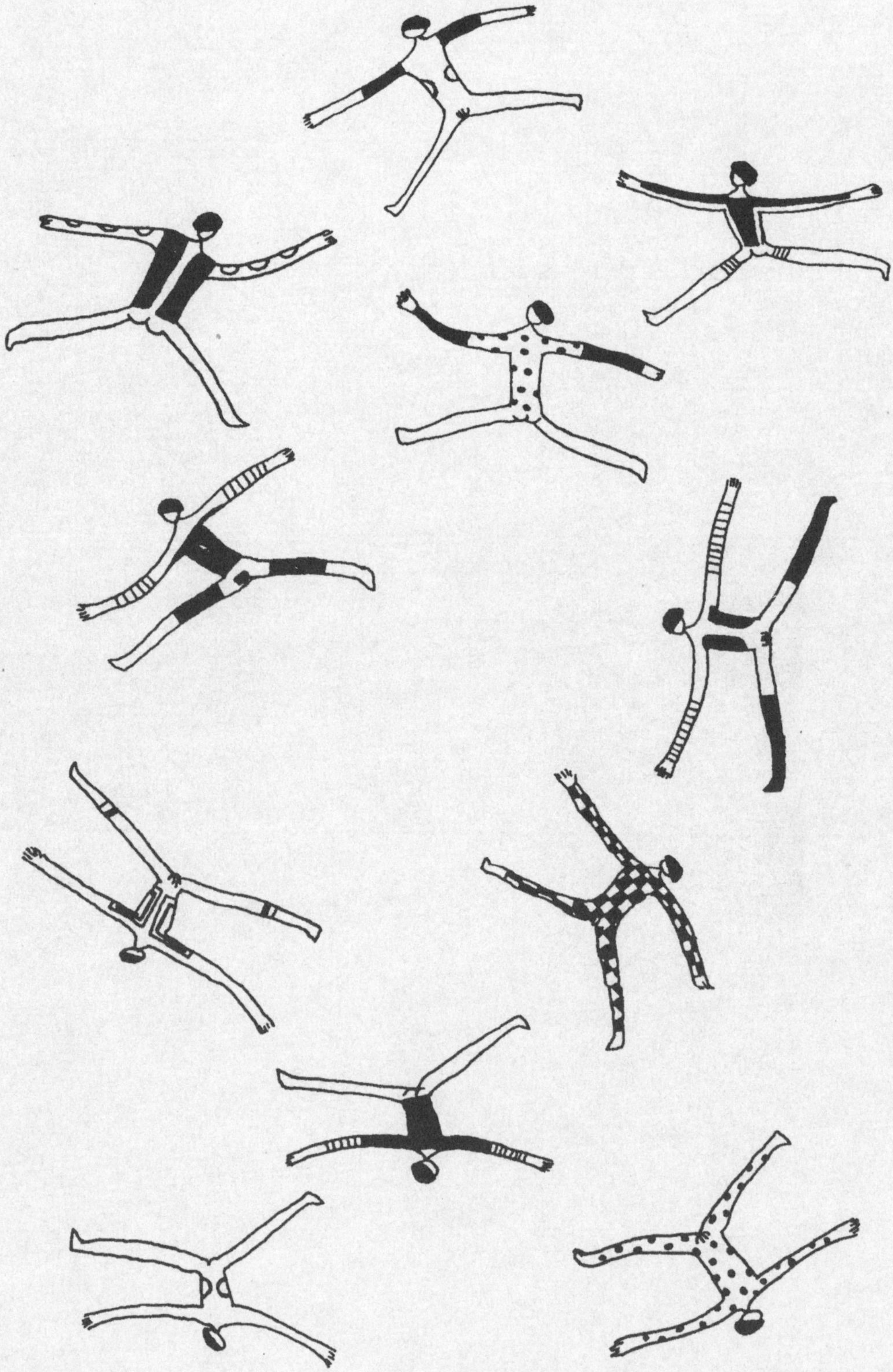